MÉMOIRES

SUR LES

FORTIFICATIONS DE PARIS.

❋

IMPRIMERIE DE GOETSCHY FILS ET COMPAGNIE,
Rue Louis-le-Grand, N° 35.

❋

MÉMOIRES

SUR LES

FORTIFICATIONS DE PARIS

AVEC PLANS.

PREMIER MÉMOIRE.

Comparaison du projet de Vauban avec celui des généraux Haxo et Valazé.

PAR T. CHOUMARA,

ANCIEN CAPITAINE DU GÉNIE.

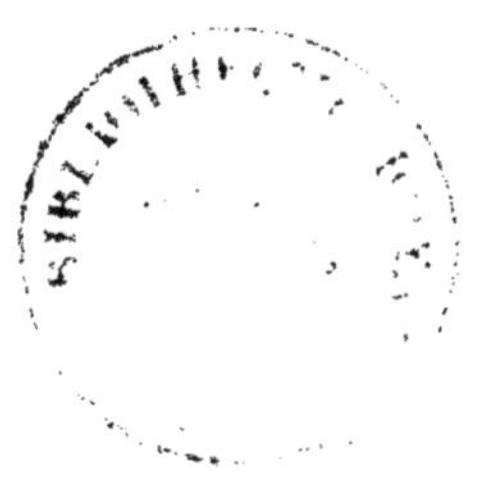

> Sachons comprendre les grandes idées de VAUBAN. Fortifions Paris de manière à le rendre IMPRENABLE, et bientôt la France, à l'abri des retours de fortune, deviendra la reine du monde.

PARIS,

AU BUREAU DU JOURNAL DES SCIENCES MILITAIRES,

RUE RICHER, N° 20.

ET CHEZ TOUS LES MARCHANDS DE NOUVEAUTÉS.

1833

OBSERVATION.

Quelques journaux ont attribué la rencontre qui a eu lieu entre M. le général Valazé et moi, à la publication d'un de mes articles dans le journal des *Sciences Militaires* ; c'est une légère erreur qu'il convient de rectifier.

Ce n'est point M. le général Valazé, qui a demandé le combat ; mais il a noblement répondu à l'appel que je lui ai fait.

Ce n'est point l'amour-propre d'auteur qui a occasioné cette rencontre ; les causes qu'il serait trop long de détailler ici, datent de plusieurs années.

Il est vrai que dans quelques-uns de mes écrits, j'ai peu ménagé M. le général Valazé ; un vif ressentiment, que je croyais légitime, a même pu me faire franchir à son égard, les bornes d'une polémique de bon ton ; mais il ne m'a été demandé aucun compte de ces écrits, ni du mémoire sur les fortifications de Paris, qui était imprimé avant notre explication. Si ce mémoire était à refaire, je ne changerais rien, ni au plan, ni au fond de l'ouvrage, sous le rapport de l'art militaire et de la science de l'ingénieur ; mais plusieurs passages seraient modifiés, dans la forme, de manière à n'avoir rien de blessant pour M. le général Valazé, qui n'est plus à mes yeux que l'ancien compagnon d'armes, avec lequel j'ai longtemps servi de la manière la plus agréable, auquel j'avais voué une vive et sincère amitié, que je suis heureux de retrouver à la place des sentimens de haine et de vengeance qui fermentent nécessairement dans les cœurs aigris par l'injustice.

TH. CHOUMARA.

INTRODUCTION.

La discussion du budget du ministère de la guerre a reporté l'attention publique sur une question *vitale* dont la bonne ou mauvaise solution exercera une immense influence sur l'avenir de la France et sur celui du monde entier.

Deux camps se sont formés autour de cette question.

Comment Paris doit-il être fortifié ?

D'un côté on voit figurer les généraux Haxo et Valazé, appuyés sur deux brochures dans lesquelles ils ont déposé le fond de leur pensée, et qui donnent la mesure de leur génie d'invention.

Sur leur bannière est écrit :

Enceinte continue.

Carrière de deux millions de mètres cubes de pierres.

Masse morte, servant de tombeau à quarante-six millions de francs, en attendant mieux (1).

Défense de quinze à trente jours.

De l'autre côté se déploie le drapeau du maréchal Soult ; sa devise est :

Forts détachés.

(1) Voyez le chapitre IV, page 40.

Dépense de quarante millions.

Au-dessous ses adversaires ajoutent :

Trouées d'une lieue.

Passages pour l'ennemi.

Bastilles contre la population parisienne.

Chaînes pour la France.

Chaque côté a si bien signalé les vices du système opposé, que nombre de personnes, parmi lesquelles on compte des officiers-généraux de différentes armes, sont restées convaincues de l'inutilité, ou plutôt de l'impossibilité de fortifier convenablement Paris.

Les deux partis opposés ont peu à se louer de ce résultat, qui serait désastreux s'il allait jusqu'à priver la capitale des moyens de défense qui, seuls, peuvent la mettre à l'abri du fléau de l'occupation étrangère.

Heureusement cette opinion n'est pas en majorité, et pour ramener à des idées plus saines, des hommes de bonne foi, il suffira d'employer avec eux, l'argument irrésistible du philosophe devant lequel on niait le mouvement : *Il marcha !*

A ceux qui nient la possibilité de fortifier Paris de manière à le rendre susceptible de soutenir un long siége, ce qui, dans ce cas, est synonime d'*imprenable*, il faut mettre sous les yeux un bon projet qui, réunissant tous les avantages des deux systèmes à beaucoup d'autres, n'ait aucun de leurs inconvéniens.

C'est ce que nous essaierons de faire, après avoir

examiné les principaux projets et raisonnemens présentés jusqu'à ce jour.

Notre ouvrage se divise en trois parties, dont chacune forme un mémoire séparé.

Dans le premier, nous établissons une comparaison entre le projet de Vauban et celui des généraux Haxo et Valazé.

Nous faisons voir que c'est à tort que ces deux généraux veulent s'appuyer sur l'opinion de notre grand ingénieur pour défendre leurs idées; qu'il n'y a aucune analogie entre la manière dont Vauban a envisagé la question, et celle dont ils l'ont traitée. « Que dans Vauban, tout est grand, fécond, complet, propre à faire de Paris un point *imprenable* et à préparer un vaste tombeau à l'ennemi, quelque nombreux qu'il soit. »

Que dans le but, le dispositif et le système de défense Haxo-Valaze, excepté la dépense, qui est considérable, tout le reste est petit, mesquin, et conduit nécessairement à faire tomber Paris au pouvoir de l'ennemi, par un siége, ou par la famine, après un mois au plus de résistance.

Dans le deuxième mémoire, nous donnons un projet adressé en 1825, au ministère de la guerre, pour fortifier Paris, par une ceinture de casernes défensives; nous établissons une comparaison entre ce projet et celui du général Bernard; nous terminons par une discussion sur les avantages ou les inconvéniens des forts détachés, sous les rapports *politiques* et *militaires*

Dans le troisième mémoire, nous donnons un projet basé sur des idées nouvelles et des découvertes récentes, à l'aide desquelles nous réunissons aux propriétés des enceintes continues et des forts détachés, beaucoup d'autres avantages. L'exécution de ce projet, loin de nuire à l'industrie et au commerce, serait propre à en favoriser le développement et à mettre Paris à l'abri de tous les *retours de fortune*.

Ces mémoires sont accompagnés des plans nécessaires à leur parfaite intelligence.

Le but que nous nous sommes proposé d'atteindre, est celui indiqué par Vauban; il faut que Paris soit *imprenable, ou il ne faut pas le fortifier;* ici le mot *imprenable* n'a rien d'exagéré, car il n'y a point d'armée étrangère qui puisse rester un an sous les murs de Paris; et nous donnons les moyens de résister pendant plus long-temps, sans avoir à redouter les horreurs de la famine.

Comme Vauban, nous voulons que la fortification de Paris tourne au profit *du pauvre peuple*, des *fermiers*, des *propriétaires fonciers*, et de *toute la population parisienne*, en rendant la disette impossible, en maintenant le pain à un prix modéré dans tous les temps, en assurant la vente des grains à un prix raisonnable, dans les années d'abondance.

Appliquant l'idée heureuse et féconde des revêtemens en décharge, nous ne voulons plus voir dans la fortification une masse morte, inerte et inutile pendant la paix. Par la combinaison des tours bastionnées avec les bâtimens militaires, et d'autres consacrés à des services publics ou particuliers; nous formons des enceintes qui ne coûtent rien, qui donnent des casernes, des arsenaux, des hôpitaux, des magasins de toute espèce, des greniers d'abondance, des entrepôts généraux, des dépôts particuliers, des abattoirs et une infinité d'autres établissemens utiles.

Cet exposé succinct prouve que nous avons traité la question des fortifications de Paris sous un point de vue nouveau; que marchant dans les routes ouvertes par Vauban, nous avons tâché de les élargir, en conservant son esprit, présentant des modifications qui sont en rapport avec les progrès des connaissances humaines, et ne prenant une confiance absolue que dans les vérités qui sont assez simples pour être à la portée des intelligences ordinaires.

Nous avons tâché en même temps de donner à notre projet une propriété importante, celle de pouvoir s'exécuter par parties, de manière que dans l'espace de trois mois, et avec une dépense de deux à trois millions, il soit possible d'organiser un système de défense respectable. On verra dans la troisième partie combien le moyen que nous proposons pour arriver à ce but est d'une application facile et sûre.

Exempt de toute influence, ne suivant d'autre drapeau que celui de la vérité et de la patrie; j'offre un travail consciencieux, fruit de longues méditations, qui ne me paraît pas indigne de fixer l'attention de l'homme d'état; de l'homme de guerre et de toutes les classes éclairées de la société.

Ma voix sera-t-elle entendue? Non! sans doute, elle rencontrera, dans les deux camps, des adversaires qui sauront bien l'étouffer; mais j'aurai payé un dernier tribut à mon pays et satisfait au précepte qui dit :

Fais ce que dois, advienne que pourra.

PREMIER MÉMOIRE.

COMPARAISON DU PROJET DE VAUBAN AVEC CELUI DES GÉNÉRAUX HAXO ET VALAZÉ.

CHAPITRE PREMIER.

Comparaison des deux projets sous le rapport du but qu'on doit se proposer d'atteindre.

Les généraux Haxo et Valazé se présentent comme les disciples et les continuateurs de Vauban ; parce qu'ils proposent d'envelopper Paris par une enceinte continue, ils prétendent être entrés dans son esprit ; c'est une erreur grave de leur part ; il n'y a aucune analogie dans la manière dont ils ont envisagé la question et celle dont Vauban l'a traitée ; ils diffèrent sur les trois points capitaux :

1° Sur le but que l'on doit se proposer d'atteindre.
2° Sur les dispositions défensives à faire pour arriver à ce but.
3° Sur le mode à suivre en cas d'attaque.

Vauban veut faire de Paris un point *imprenable* !

Le général Valazé veut en faire une place ordinaire, susceptible de résister au plus pendant un mois.

Vauban veut que Paris *ait des approvisionnemens pour un an et plus.*

Le général Valazé pose en fait et part du principe que Paris *ne peut se passer de ses marchés* pendant plus d'un mois.

Cette différence est tellement forte, que nous devons prouver qu'elle est réelle, non par une simple assertion, mais en citant textuellement ces deux auteurs.

Voici ce que dit Vauban :

X.

» Comme ce ne serait pas suffisamment pourvoir à la sûreté » de cette grande ville, que d'y faire beaucoup de fortifications, » sans la garnir en même temps des munitions de guerre et de » bouche nécessaires, il y faudrait *bâtir* des *magasins à poudre* » capables d'en contenir au moins dix-huit cent milliers ou deux » millions, *des arsenaux* pour toutes les autres sortes de muni- » tions de guerre nécessaires et *des caves et magasins à blé* en » suffisante quantité, ces derniers pour pouvoir contenir deux » millions et plus de setiers de blés, des légumes et des avoines » à proportion ; ce qui se pourrait facilement faire peu à peu en » prenant le temps que les blés sont à bon marché.

XI.

» Ces précautions seraient d'autant plus utiles, que dans les » chères années, le peuple à qui l'on pourrait vendre de ces » grains à un prix modique, s'en trouverait soulagé, et qu'aux » environs de Paris à quarante lieues à la ronde, et le long des » rivières navigables les blés s'y vendraient toujours à un prix » raisonnable, dans le temps que la grande abondance les fait » donner à vil prix, à cause des remplacemens à faire dans les » magasins; ainsi, *les fermiers seraient mieux en état de payer* » *leurs maîtres, qui perdraient moins sur leurs fermes, et le pauvre* » *peuple serait toujours soulagé dans ses misères* : J'ai dit *deux* » *millions de setiers de blé et plus*, parce que je suppose que

» dans un temps de siège, la bourgeoisie de Paris, jointe à ceux » qui s'y réfugieraient des environs et aux troupes *renfermées* » *entre la première et la seconde enceinte, pourraient bien faire sept* » *à huit cent mille âmes*, auquel cas il leur faudrait, *pour une année*, » aux environs de *deux millions cent mille setiers* de blé, parce que » chaque personne en consommerait près de trois setiers par an » pour sa nourriture. Outre cette quantité dont il est bon d'être » assuré, on pourrait faire publier par une ordonnance que qui- » conque voudrait se réfugier à Paris, eût à y apporter une » certaine quantité de grains et d'avoine, et toutes les autres » victuailles qui pourraient tomber sous la main : y faire amas » de tous les bœufs, moutons, chairs fraîches et salées, vo- » lailles, fromages, légumes de toutes sortes, etc., qui se pour- » ront trouver.

XII.

» Faire garnir les ports de tous les bois de moules que l'on y » pourrait faire descendre, ce qui serait fort aisé, et y amasser » beaucoup d'avoine et de foin pour la cavalerie, paille hachée » et non hachée : plus, quantité de vin, d'eau-de-vie, d'orge » et houblon pour faire de la bierre; du sel en quantité suffi- » sante pour l'usage ordinaire, et pour les salaisons et généra- » lement pour tout ce que l'on pourrait avoir besoin et imaginer » capable de faire subsister cette grande multitude *un an durant*; » et surtout avertir de bonne heure les chefs de famille et gens » aisés de se fournir de moulins à bras, de fours, de blés et » de gouverner sagement leurs provisions pendant un siège, ne » les consommant que très à propos.

XIII.

» Cela une fois établi et la place munie de *dix huit cent à deux* » *millions de poudre, quatre cent pièces de canon, de soixante à* » *quatre-vingt mille mousquets et fusils* dans les magasins, et » d'autres armes à proportion, outre celles que les particuliers » auraient chez eux : si *dans un temps que toute la terre serait li-* » *guée contre vous*, il arrivait que la frontière fût forcée, et la » ville en péril d'être assiégée, quelque malheur qui pût arriver » à nos armées et au surplus du royaume, il est probable qu'elle

» ne serait jamais tellement défaite que le roi ne fût toujours en » état de retirer *vingt-cinq à trente mille hommes* dans l'entre-» deux des enceintes ; auxquels Paris en pourrait joindre *huit à* » *dix mille d'assez bonnes*, levées dans l'enclos de ses murailles, » sans toucher à la garde ordinaire des bourgeois qui ne laisse-» rait pas d'aller son train. Moyennant quoi, *j'estime qu'il n'y* » *a point dans la chrétienneté d'armée, quelque puissante et* » *formidable qu'elle pût être, qui osât entreprendre de bombarder* » *Paris*, et encore moins de l'assiéger dans les formes, vu :

» Premièrement, qu'il ne leur serait pas possible de l'appro-» cher d'assez près pour pouvoir tirer des bombes jusque dans » l'enclos de la ville, à cause de la deuxième enceinte qui » les tiendrait éloignés à trois grand quarts de lieue de la pre-» mière.

» Secondement, *qu'il ne serait pas possible à une armée de* » *deux cent mille hommes de la prendre par un siége forcé.* A » cause de l'étendue de sa circonvallation, qui ayant douze à » treize grandes lieues de circuit, l'obligerait d'étendre fort » ses quartiers, qui en seraient par conséquent affaiblis, et à » se garder partout également, sous peine d'en voir enlever tous » les jours quelqu'un.

» Troisièmement, qu'il ne pourrait entreprendre deux atta-» ques séparées, puisque pour pouvoir fournir à la garde des » tranchées, il *faudrait employer plus de trente mille hommes*, » sans compter les travailleurs et gens occupés aux batteries.

» Quatrièmement, qu'on ne pourrait point le faire par deux » attaques liées, attendu que pour pouvoir fournir à la même » garde, il y aurait tels quartiers qui auraient trois journées de » marche à faire, et autant pour s'en retourner, ce qui les met-» trait dans un mouvement perpétuel, qui ne leur laisserait au-» cun repos.

» Cinquièmement, que dès le douze ou quinzième jour de » tranchée, pour peu qu'il y eût eu d'occasions, leurs forces se-» raient considérablement diminuées, et leurs troupes obligées » de monter de trois à quatre jours l'un, auquel cas elles ne » pourraient pas relever à cause de l'éloignement des quartiers, » à quoi il faut ajouter que *les fréquentes sorties grandes et petites* » *qui se feraient à toute heure, par de si grandes troupes*, le grand

» *feu qui sortirait des remparts et chemins couverts*, *et la grande* » *quantité de canon dont elle pourrait se servir*, *empêcherait les* » *travailleurs de faire chemin*, et réduirait ce siége à une lenteur » qui, *ayant bientôt épuisé leurs armées*, *d'hommes et de muni-* » *tions*, *les contraindrait à lever honteusement le siége*.

XIV.

» De la prendre par famine, il ne sera pas possible non plus, » vu que si la ville était pourvue, comme nous venons de dire, » *elle aurait des vivres pour un an et plus*; moyennant quoi, *il* » *n'y a point d'armée qui pût subsister si long-temps devant Paris*, » parce qu'il est à présumer que la plupart des vivres qui se » trouveraient à quinze lieues à la ronde, aussi bien que les ha- » bitans auraient été retirés dans la ville. *Je dis même que les ar-* » *mées qu'il y faudrait pour pouvoir simplement former un blocus*, » *n'y pourraient pas subsister ce temps-là*. Or du moment qu'elles ne » pourraient plus tenir la campagne, les assiégés seraient en état » de s'y mettre, et de les aller chercher dans leurs quartiers, » qui étant séparés et nécessairement éloignés les uns des autres » ne pourraient pas s'y maintenir.

» Que si, pour éviter ces inconvéniens, l'ennemi s'éloignait en- » core davantage, le pays s'ouvrirait, et pour lors à moins que » tout ne fût saccagé et les peuples exterminés, les moins éloi- » gnés ne manqueraient pas d'y apporter ce qu'ils pourraient, » par l'espérance du gain; ainsi, *Paris se soutiendrait facilement* » et *sauverait le royaume*, puisqu'il est bien sûr que tous les prin- » cipaux habitans des moindres villes et de la campagne, à plus » de cinquante lieues à la ronde y réfugieraient ce qu'ils auraient » de meilleur, et *loin d'être réduite au pouvoir de l'ennemi*, elle » donnerait moyen au roi de remporter de notables avantages sur » lui, et au pis aller de se tirer d'affaire par quelque traité, qui » pourrait même lui devenir avantageux, à *raison de l'impossibi-* » *lité que les ennemis verraient de la pouvoir forcer*, *et du mauvais* » *état où de telles entreprises auraient réduit leurs armées*. »

(Importance dont Paris est à la France, pages 27 à 34.)

On voit avec quel soin Vauban a traité la question

de l'approvisionnement; il a voulu que la transformation de Paris en place forte amenât une amélioration utile à plusieurs classes de la société, même pendant la paix; *au pauvre peuple* d'abord, aux fermiers, aux propriétaires fonciers et à toute la population parisienne, en rendant la disette impossible; c'est ici le germe des greniers d'abondance que Napoléon avait repris; mais sur une échelle mesquine, incomplète et mal combinée. On voit enfin, qu'ainsi que nous l'avons dit, dans l'opinion de Vauban, Paris doit devenir *imprenable*; que son *imprenabilité* est fondée sur ce que des armées étrangères aussi nombreuses qu'elles devraient l'être pour assiéger ou bloquer cette capitale, ne pourraient y subsister pendant un an; et non sur ce que la France pourrait lui envoyer des secours suffisans pour faire lever le siége ou le blocus dans le court intervalle d'un mois. Nous devons donc en conclure que si l'on eût mis sous les yeux de Vauban, un projet ou système tendant à défendre Paris pendant un mois seulement, il l'eût repoussé avec indignation, comme évidemment nuisible et propre à maintenir la France sous le joug de l'étranger une fois qu'il serait maître d'une semblable place d'armes.

Tel est cependant le projet mis en avant et prôné par le général Valazé. Comme cela pourrait paraître incroyable, citons-le textuellement; voici ce qu'il dit :

« Nous avons fait voir que si Paris avait une enceinte, l'ennemi
» ne pourrait s'en rendre maître, sans faire venir un équipage de
» siége et sans se livrer à toutes les opérations d'une attaque régu-
» lière, *jusqu'à l'établissement des batteries de brèche*. D'après les

» calculs de l'art le *temps nécessaire à ces deux opérations ne*
» *pourrait être moindre d'un mois.*

» Or, si l'on remarque que l'ennemi dès le premier jour de
» son arrivée intercepterait par ses coureurs tous les arrivages
» de dehors, et *qu'un mois est le maximum de temps pendant le-*
» *quel on pourrait priver de ses marchés habituels une population*
» *de huit cent mille âmes*, on verra que l'enceinte donnerait le
» moyen de défendre Paris aussi long-temps qu'il est possible de
» le faire; et *comme cet espace de temps suffirait à la France pour*
» *obtenir par ses efforts la délivrance de la capitale*, il s'ensuit
» qu'une enceinte satisferait à ce qu'on peut raisonnablement
» exiger des fortifications de Paris. »

(Extrait du Mémoire du général Valazé, sur les fortifications de Paris; page 15.)

Maintenant, je le demande, est-ce un disciple, est-ce un continuateur de Vauban qui parle ainsi? Y a-t-il le moindre rapport entre le grand ingénieur qui place deux ou trois cent mille ennemis dans la nécessité de passer l'hiver à se morfondre et à jeûner sous les murs de Paris, au sein d'une population de trente millions d'âmes qui aura une année pour s'aguérir et se préparer à reprendre l'offensive; et le général imprévoyant et léger qui semble les inviter à passer un des beaux mois de l'année dans les riches maisons de campagne des environs, pour se saisir ensuite, sans coup férir, d'un boulevart d'où ils domineront tout le pays, qu'ils sauront bien approvisionner, et défendre, en exilant, s'il en est besoin, toute la population virile, et ne gardant que les vieillards, les enfans et les femmes, pour en disposer selon leur bon plaisir, comme on le pratiquait dans les anciens temps.

En nous enrôlant sous la bannière de Vauban, relativement au but qu'il faut atteindre, nous devenons donc nécessairement l'adversaire du projet Haxo-Valazé, dont l'imprévoyance livre la capitale à l'ennemi après un simple blocus d'un mois.

Passons à la comparaison des dispositions défensives des deux projets.

CHAPITRE II.

Comparaison du projet de VAUBAN *avec celui des généraux* Haxo *et* Valazé *sous le rapport de la disposition des ouvrages.*

Nous venons de voir que le but que Vauban s'est proposé d'atteindre, diffère totalement de celui vers lequel tendent les généraux Haxo et Valazé ; prouvons maintenant qu'il y a autant de différence dans le dispositif des fortifications que dans l'idée mère qui leur a donné naissance.

Vauban propose une première enceinte terrassée, avec parapet à l'épreuve du canon, environnée d'un fossé de dix à douze toises de largeur, profond de dix-huit à vingt pieds; dont le revêtement d'escarpe soit élevé de trente-six à quarante pieds, et la contrescarpe aussi revêtue en maçonnerie; le tout flanqué par des tours ; il profite pour cela de l'ancienne enceinte, transformée depuis en boulevart, entre les portes St-Antoine et St-Honoré.

Il n'oublie aucun des accessoires qui peuvent assurer la possession de cette première enceinte, qu'il prolonge même au travers de la Seine, en laissant des arches pour le passage des eaux; mais en faisant toutes les dispositions pour les fermer au besoin par des herses, etc.

Les généraux Haxo et Valazé ne présentent rien pour remplacer cette première enceinte; ils ne cherchent pas même à tirer parti du mur d'octroi; ils regardent cette première enceinte comme *dépourvue de toute propriété défensive et n'étant susceptible d'aucune amélioration.* (1)

Ils enlèvent par conséquent au projet de Vauban tout ce qui fait sa force; le moyen de soutenir les assauts à la deuxième enceinte; d'y faire des retranchemens derrière les brèches; de disputer pied à pied le terrain compris entre les deux enceintes; de faire de chaque maison une redoute, de chaque île de maisons un véritable fort, par des coupures bien combinées; afin de pouvoir donner une deuxième représentation du siége de Sarragosse; mais avec des chances bien différentes, puisque les troupes et l'immense population qui prendraient part à ces combats auraient toujours derrière elles, un rempart protecteur, tandis que dans le système Haxo-Valazé *il faut se rendre aussitôt que la brèche est ouverte.*

Vauban fait une deuxième enceinte *bastionnée*, ou *à tours bastionnées*; bien revêtue et terrassée, avec fossé de dix-huit à vingt pieds de profondeur, sur dix ou douze toises de largeur, avec contrescarpe revêtue

(1) Mémoire Valazé, page 4.

en maçonnerie, précédée d'un chemin couvert d'au moins six toises de largeur pour les sorties.

Il couvre les portes par des demi-lunes aussi revêtues; il en place partout ou il en est besoin, c'est-à-dire sur les fronts d'attaque, les environne d'un fossé de même profondeur que celui du corps de place, avec contrescape aussi revêtue.

Notre grand ingénieur, n'entend donc point placer autour de Paris une ceinture uniforme, qui, suffisante sur quelques points, laisserait la place d'une faiblesse extrême sur d'autres; il n'entend pas que les fronts de la plaine Saint-Denis et la Villette qui pourront être protegés par une zône d'inondation, soient traités de la même manière que ceux situés en avant de Belleville, de Charonne, de Mont-Rouge, etc.

Les généraux Haxo et Valazé, au contraire proposent 80 à 100 fronts tailiés sur le même patron, leur contrescarpe n'est point revêtue, il n'ont point de chemin couvert, leurs portes ne sont point couvertes par des demi-lunes, il n'en mettent sur aucun point. Leur contrescarpe avec banquettes facilite l'arrivée de l'ennemi dans le fossé, en tel nombre et sur tel front qu'il lui plait; en sorte qu'il peut aussi aisément pétarder les portes de cette enceinte qu'il le ferait aujourd'hui pour le mur d'octroi; il pourrait même arriver qu'à la suite d'une sortie vigoureusement repoussée, il entrât pêle et mêle dans la place avec la garnison, qu'on ne peut laisser égorger dans les fossés, sans lui ouvrir les portes.

Dans tous les cas, une enceinte semblable ne soutiendrait pas plus de quinze jours de tranchée ouverte.

Mettons sous les yeux du lecteur les pièces de cet important procès, et les preuves de ce que nous avançons.

EXTRAIT DU MÉMOIRE DE VAUBAN SUR LES MOYENS DE FORTIFIER PARIS.

« Après y avoir donc bien pensé et cherché tous les moyens à » tenir pour pouvoir mettre cette grande ville *dans une sûreté* » *parfaite*, *contre tous les accidens de guerre* qui pourraient » la menacer, je n'ai trouvé que l'expédient qui suit de bien » raisonnable : il est simple et fort cher, à la vérité, mais très- » assuré, ainsi qu'on le verra ci-après ; sur quoi il est à re- » marquer :

» Premièrement, que je n'ai nul égard aux surprises ni aux » intelligences particulières, cette ville étant trop peuplée pour » que l'on puisse rien entreprendre contre elle sans faire de » gros mouvemens de troupes, qui découvriraient tout, *joint* » *que, ce que j'ai à proposer est directement opposé à toutes les* » *mauvaises subtilités que l'on pourrait mettre en pratique à cet* » *égard*.

» Et secondement, que je ne prétends mettre en avant que » ce qui est nécessaire contre la *bombarderie*, *les sièges réglés* et » *les blocus* qui sont les seuls moyens qui paraissent capables de » la pouvoir réduire.

» Venons au fait.

I.

» Réparer les défectuosités de ce qui reste de sa vieille en- » ceinte, et achever sa réforme telle qu'elle a été réglée en der- » nier lieu, revêtir ce qui ne l'est pas encore, et élever tout

» son revêtement de trente-six à quarante pieds, au-dessus du » fond du fossé, la faire flanquer simplement par les vieux » bastions et grosses tours, telles qu'elles se trouveront sur » pied, sinon en faire de nouvelles aux endroits où il en man- » quera, et les espacer de six vingt toises l'une de l'autre.

II.

» Bien et proprement terrasser ladite enceinte; la rendre » capable de porter un parapet à épreuve du canon, et en- » vironner le tout d'un fossé de dix à douze toises de large, » profond de dix-huit à vingt pieds réduits *avec ses bords re-* » *vêtus s'il est possible* : plus la prolonger de part et d'autre » en travers de la Seine au-dessus et au-dessous de Paris, y » bâtissant autant d'arches qu'il en sera nécessaire au passage » des eaux, faire des ponts sur le derrière et des bâtimens » sur le devant de ces mêmes arches, pour y mettre à cou- » vert les herses avec les tours servant à leur levée; obser- » vant du surplus de raser tous les bâtimens des faubourgs » qui approcheront plus près de vingt à trente toises de cette » enceinte.

III.

» Au lieu des portes d'à-présent qui ne ferment point, ou » qui le font très-mal, y en faire de nouvelles, à deux ou trois » fermetures, non compris les orgues. Plus, des corps de garde, » haut et bas, grands et spacieux et des ponts dormans coupés de » ponts levis, avec des barrières à la tête.

IV.

» Cette première enceinte étant mise en sa perfection, en faire » une seconde à la très-grande portée de canon de la première, » c'est-à-dire à mille ou douze cents toises de distance, occupant » toutes les hauteurs convenables, ou qui peuvent avoir com- » mandement sur la ville, comme celle de Belleville, de Mont- » martre, Chaillot, faubourg Saint-Jacques, Saint-Victor, et » toutes les autres qui pourraient lui convenir.

V.

» Bastionner ladite enceinte, ou l'armer de tours bastionnées, » la très-bien revêtir et terrasser, et lui faire un fossé de dix- » huit à vingt pieds de profondeur sur dix à douze toises de lar- » geur, *revêtu de maçonnerie.*

VI.

» Faire toutes les portes nécessaires par rapport à celles de » la ville, avec leurs corps de garde, *devant lesquelles portes* » *il faudrait faire des demi-lunes, aussi revêtues, de même que* *partout ailleurs où il en serait besoin, les environnant de fossés* » *approfondis et revêtus comme ceux du corps de la place.*

VII.

» Faire aussi des contre-gardes à l'entour des tours bastion- » nées, si on les préfère aux bastions, comme les figures ci- » après, revêtues jusqu'à la hauteur du parapet du chemin cou- » vert, et le surplus de leur élévation de terre gazonnée ou pla- » quée, observant toutes les façons nécessaires à ces remparts » et chemins couverts, et de donner à ces derniers au moins » six toises de large, *en considération des assemblées qui s'y* » *feront pour les sorties.* On pourrait après planter tout le terre- » plein et les talus des remparts, d'ormes et autres bois, parti- » culièrement destinés aux besoins de cette fortification, sans » jamais permettre qu'on en fît usage que pour le canon, les » palissades et fascines.

VIII.

» Prolonger ladite enceinte et la continuer en travers de la ri- » vière, comme la première, afin d'éviter le défaut par lequel » Cyrus prit Babylone. »

Voici maintenant la description du projet Haxo-Valazé.

EXTRAIT DU MÉMOIRE DU GÉNÉRAL VALAZÉ, PAGE 3.

« L'enceinte continue analogue à celle qui est indiquée par

» Vauban dans ses mémoires, envelopperait Paris et ses faubourgs, elle passerait en tête de Bercy, du petit Charonne, » de Belleville, de la Villette, la Chapelle, Clignancourt, les » Batignoles et Passy sur la rive droite de la Seine, et en avant » de Vaugirard, du petit Montrouge, du petit Gentilly et d'Austerlitz, sur la rive gauche : elle se composerait de quatre-vingts » fronts *environ*, présentant des côtés extérieurs de trois cent » soixante et dix mètres (terme moyen) et *sans aucun ouvrage* » *extérieur*. Ses escarpes auraient dix mètres (trente pieds de » hauteur), et seraient assez bien couvertes pour qu'on ne put » pas y faire brèche de la campagne. Ses contrescarpes en terre, » seraient taillées en banquettes, et feraient office de corridor pour faciliter la surveillance au-dehors et les mouvemens » des sorties (1).

» Paris, renfermant en bâtimens militaires, et en ressources » de toute espèce, de quoi satisfaire à tous les besoins de la garnison la plus nombreuse, l'établissement d'une enceinte, » n'exigerait d'autres constructions étrangères à la défense, que » celles de quarante portes et autant de corps de garde attenans, et de quatorze magasins à poudre. »

N'est-ce pas une véritable profanation d'accoler le nom de Vauban à cette carcasse décharnée, privée de la première enceinte, sans revêtement de contrescarpe, sans demi-lunes, sans chemins-couverts pour couvrir les portes et les points d'attaque. Si la grande ombre de Vauban pouvait apparaître au milieu de nous, avec quel dédain elle repousserait l'œuvre des généraux Haxo et Valazé qui, en travaillant sur ses idées, l'ont fait en écoliers incapables de comprendre le génie du maître, et ont gâté, en le retouchant, un de

(1) Le général Valazé n'employant que la garde nationale à la défense de son enceinte, on ne pourrait faire de sorties un peu importantes. Voyez le chapitre IV.

ses chefs-d'œuvre, où il n'y avait que quelques légères taches, qu'il était facile de faire disparaître sans mutiler l'ensemble.

CHAPITRE III.

Revue du mémoire du général Valazé. — *Conséquences de la mise en action de ses moyens défensifs.*

Dans les deux chapitres qui précèdent, nous avons séparé la cause de Vauban, de celle des généraux Haxo et Valazé, nous avons mis en évidence la différence complète qui existe dans le but et dans les moyens proposés par notre grand ingénieur et ceux présentés par ces deux généraux ; nous avons prouvé que dans le système de Vauban, *tout est grand, fécond, complet, propre à donner à la capitale une parfaite sécurité et à préparer un vaste tombeau aux armées étrangères qui oseraient tenter de s'en emparer.* Que dans le but et dans le système Haxo-Valazé au contraire, *excepté la dépense qui est considérable*; tout le reste est *petit, mesquin et conduit nécessairement à faire tomber Paris au pouvoir de l'ennemi, soit par la famine, soit par un siège réglé, après un mois au plus de résistance.*

Ayant traité ces deux points capitaux, nous pourrions nous dispenser d'en dire davantage sur le mémoire du général Valazé; cependant nous allons en faire une revue plus détaillée, pour donner une idée complète de la faiblesse et de l'incohérence de ses raisonnemens.

Son mémoire a surtout pour objet de prouver que l'enceinte continue, telle qu'il la propose, vaut mieux qu'une ceinture de forts détachés.

Il résulte évidemment de ce qui précède que, si ce général démontrait que le projet de son *guide* est préférable à celui adopté par le maréchal Soult, la seule conclusion à tirer de cette démonstration serait que, les deux dispositions sont mauvaises, et doivent être également rejetées.

Nous laisserons donc de côté, *pour le moment*, tout ce qui tient à la comparaison des deux systêmes, et c'est au tribunal des propres autorités qu'il invoque, que nous traduirons cet auteur.

L'ensemble de ses idées peut se résumer ainsi :

1° Les fortifications de Paris doivent garantir cette ville contre toute attaque faite avec des moyens de campagne, de façon que nos armées chargées de défendre la frontière, n'étant pas obligées de se concentrer sur la capitale, puissent manœuvrer à volonté *pendant près d'un mois*, (1) sur les flancs et les derrières de l'ennemi;

2° Paris doit être fortifié par une enceinte d'environ quatre-vingts fronts, avec fossé de douze pieds de pro-

(1) Mémoire Valazé page 2.

Le général Valazé avait oublié, peut-être à dessein, un élément essentiel, *le temps*; mais il nous a été facile de combler cette lacune : en recourant à la page 15 de son mémoire où il dit : *qu'un mois est le maximum de temps pendant lequel on pourrait priver Paris de ses marchés*. Il faut donc le secourir avant que ce mois ne soit écoulé

fondeur, contrescarpe non revêtue et sans chemin couvert; (1)

3° L'ennemi aura, pour menacer Paris, quatre cent mille hommes, nous n'en aurons que deux cent mille à lui opposer; (2)

4° La défense de cette vaste enceinte doit être confiée à la garde nationale; (3)

5° On ne doit craindre ni surprise, ni attaque de vive force ni bombardement; (4)

6° La place tiendra un mois et cet espace de tems suffira à la France pour obtenir par ses efforts, la délivrance de Paris; (5)

7° Il faudra d'abord dépenser 35 millons et employer trois années pour mettre Paris hors d'état d'être enlevé autrement que par des moyens de siège. (6)

Pour appuyer ces conclusions, le général Valazé cite, à tort et à travers, Vauban, Napoléon, la commission de défense et nombre d'auteurs qui ont écrit sur le mode à suivre pour la défense de Paris. On sait déjà comment il a défiguré le premier, il n'a pas été plus heureux à l'égard de Napoléon ni de la commission; il semble qu'il entre dans la destinée de ce pauvre général, de prendre toutes les questions à contre sens et de dénaturer tout ce qui passe sous sa plume; en voici des preuves.

(1) Mémoire Valazé page 5 et profil.
(2) Id. page 6.
(3) Id. pages 7 et 8.
(4) Id. pages 10 et 14.
(5) Id. page 15.
(6) Id. pages 16 à 18.

Napoléon a dit :

« Faut-il défendre une capitale en la couvrant directement ou » en s'enfermant dans un camp retranché sur les derrières ? *Le* » *premier parti est le plus sûr :* Il permet de défendre le *passage* » *des rivières, les défilés ; de se créer même des positions de cam-* » *pagne* ; *de se renforcer de toutes les troupes de l'intérieur*, dans » le temps que l'ennemi s'affaiblit sensiblement.

. . . .

« En général, l'idée de *couvrir une capitale*, *ou un point quel-* » *conque*, par des marches de flanc, comporte avec elle la né- » cessité d'un détachement, et *les inconvéniens attachés à toute* » *dissémination devant une armée supérieure*. (1)

La pensée de Napoléon est clairement exprimée. Pour couvrir Paris, il faut porter l'armée à la frontière; arrêter l'ennemi, autant qu'on le peut, à l'aide des appuis que présentent les places; s'opposer de front à sa marche; lui faire éprouver le plus de pertes que l'on peut. Si l'on n'obtient pas d'abord un succès complet, qui le rejète en dehors de la frontière; que l'on soit obligé de céder du terrain : se retirer sur une position en arrière; s'opposer aux passages des rivières; faire éprouver de nouvelles pertes à l'ennemi; remplacer celles que l'on éprouve soi-même, par les troupes de l'intérieur; échelonner de nouvelles positions, et continuer la lutte autant que possible, en conservant ses communications avec le point que l'on veut couvrir.

De cette manière la capitale sera garantie le plus *sûrement* et le plus long-tems possible. Arrivé sous les murs de Paris, on aura à examiner s'il convient de livrer

(1) Mémoires de Napoléon : Montholon tome 1, pages 294 et 295, 1re édition.

bataille, ou de rester en position, ou enfin de se retirer sur un autre point. Ce que l'on pourra faire, sans inconvénient, *quand on aura un an pour préparer le retour*. Ce moyen, *le plus sûr*, auquel Napoléon donne évidemment la préférence est aussi celui adopté par Vauban.

Rappelons-nous qu'il dit :

« Si dans un tems que toute la terre serait liguée contre vous, » *il arrivait que la frontière fût forcée* et la ville en péril d'être » assiégée, quelque malheur qui pût arriver à notre armée et » au surplus du royaume ; il est probable qu'elle ne serait jamais » *tellement défaite*, que le roi ne fût toujours en état de retirer » vingt-cinq à trente mille hommes dans l'entre-deux des en- » ceintes, etc. »

Vauban veut donc que la frontière soit défendue à outrance; puisqu'il va jusqu'à supposer qu'il ne restera plus que vingt-cinq à trente mille hommes, pour en former la garnison de Paris; et que c'est avec ce noyau seul, qu'il espère sauver la fortune de la France.

Ce n'est point ainsi que M. Valazé fait son plan de campagne; il se met tout simplement sur le flanc de l'ennemi pour le regarder passer; lorsque ce passage est effectué, ce grand tacticien vient se placer sur les derrières ! voyons ce qu'il y fera. Ne perdons pas de vue que, d'après son systême, la capitale fortifiée et approvisionnée pour tenir *pendant un mois*, aura la garde nationale seule pour garnison.

L'ennemi, trouvant la route ouverte, fera passer ses quatre cent mille hommes, et le parc de siége qu'il aura préparé à tout événement, pour le cas *où il y aurait des approvisionnemens pour plus d'un mois:* il se hâtera de sortir du labyrinthe des places pour entrer dans le pays ouvert, où il trouvera des ressources de toute espèce

Il portera rapidement cent mille hommes, dont dix à douze mille de cavalerie, sur Paris; pour le bloquer et en commencer le siége. La première conséquence de cette marche sera la prise, sans coup férir, des retranchemens établis sur la ligne de Saint-Denis à Nogent; car d'après M. Valazé lui même;

« D'une part, les gardes nationaux ne seraient pas en état de » défendre les intervalles, puisque ce serait tenir la campagne; » de l'autre, on n'en trouverait guères qui consentissent à aller » s'enfermer dans des forts, la plupart, à une demi-lieue de » Paris. » (1)

A plus forte raison n'en trouverait-on point pour aller s'enfermer dans de misérables retranchemens de campagne, qui exigeraient une armée de soixante mille hommes de bonnes troupes pour les défendre.

Ainsi les 4,400,000 francs employés à ces ouvrages, auront eu pour objet de préparer une ligne de circonvallation à l'ennemi; qui en tirera un très-bon parti contre une armée de secours; parce que les hommes ne lui manqueront pas pour la garnir.

On voit, d'après cela, que les 10 ou 12 mille francs *de gratification* que M. Valazé s'est fait adjuger, pour la conduite de ces travaux, ont été supérieurement placés.

(1) Mémoire Valazé page 8

Poursuivons.

Le général Valazé étant avec ses deux cent mille hommes sur les derrières de l'ennemi, celui-ci aura une armée d'observation de trois cent mille hommes pour couvrir le siége; il laissera les deux cent mille hommes se promener tant qu'ils le jugeront convenable, il ne s'en inquiètera nullement; il prendra de bonnes positions, les fortifiera s'il en est besoin, et il attendra qu'on essaie de le déloger; si on veut faire quelque marche de flanc, il aura une circonférence plus petite à parcourir, et sera toujours en mesure d'arriver à temps et en force sur les points menacés.

Dans des marches et contre-marches le temps passe vite, les cheminemens contre la place se pousseront avec d'autant plus de rapidité que la garde nationale ne fera point de sorties. Les batteries de brèche s'établiront, les vivres s'épuiseront, et pour ne pas voir tomber la place à ses yeux, au bout d'un mois, M. Valazé sera obligé avec ses deux cent mille hommes de venir attaquer une armée de plus de trois cent mille dans des positions fortifiées par l'art et par la nature.

Ainsi les sublimes combinaisons de tactique et de fortification du général auront conduit à intervertir complètement les rôles.

Nous étions les plus faibles en nombre; à l'aide de nos places, des obstacles naturels et de nos fortifications de campagne, nous pouvions rétablir l'équilibre et faire pencher la balance de notre côté; mais c'est une idée trop simple : M. Valazé raisonne d'une autre manière; il dit : l'ennemi a l'avantage du nombre, laissons-lui prendre aussi l'avantage de position, ayons contre nous le nombre, la nature et l'art, puis nous verrons!

Et c'est un officier général du génie qui raisonne ainsi!

En vérité il est difficile de concevoir une semblable aberration!

L'espace d'un mois, dit le général Valazé, suffirait à la France pour obtenir par ses efforts la délivrance de la capitale!

Le général a sans doute pardevers lui quelque secret que nous ignorons pour faire de tels prodiges en si peu de temps; pour nous dont l'imagination est moins féconde, nous ne concevons la délivrance de la capitale que par l'arrivée d'une armée de secours, ou par la disette du camp ennemi. Nos deux cent mille hommes se trouvant paralisés par l'armée d'observation, nous ne voyons de secours à espérer que des gardes nationales des provinces; et encore arrivassent-elles en poste ou en ballon, on ne pourrait, dans le court espace d'un mois, les organiser de manière à en former une armée assez redoutable pour forcer l'ennemi à lever le siége, ou l'attaquer avec quelque apparence de succès.

D'ailleurs, une observation de Napoléon, rapportée et *approuvée* par M. Valazé, nous inquiète un peu sur le résultat des secours des gardes nationales qui n'auront eu qu'un mois pour s'organiser en armée et s'aguérir.

Napoléon dit :

« Ces cinquante mille hommes, en rase campagne, s'ils ne » sont pas des soldats faits et commandés par des officiers expé» rimentés, sont mis en désordre par une charge de trois mille » hommes de cavalerie. »

Il est donc bien à craindre que les milliers de gardes nationaux qui marcheraient si promptement à la délivrance de Paris, ne fussent mal reçus par la nombreuse cavalerie qu'on pourrait détacher contre eux.

Si nous voulions imiter le général Valazé, faire de l'érudition à bon marché, en multipliant les citations, nous lui rappèlerions une foule de places prises, en présence des armées de secours, opérant sur les derrières de l'armée de siége; nous nous bornerons à citer la prise de Lille en 1708 par Eugène et Malborough, en présence de Vendôme et Berwick, malgré la belle et vigoureuse défense de Boufflers pendant quatre mois.

Le général Valazé invoque aussi l'autorité de Napoléon pour étayer son système de défense de Paris par la garde nationale seule; or voici ce qu'on trouve dans la quatre-vingt-huitième livraison du Spectateur militaire, page 131 :

« Une note de l'empereur, lue au comité de défense le 27 dé» cembre 1813, contenait ces passages remarquables.

» Il faut avoir à Paris, *trente ou quarante mille hommes, in» dépendamment des gardes nationales*, afin que l'armée puisse » agir sur les flancs de l'ennemi sans dégarnir Paris, et que la » tranquillité de la capitale ne soit pas troublée. » (1)

(1) M. Valazé dira peut-être que si ce passage prouve que Napoléon entendait que l'on mît des troupes réglées avec la garde nationale, il prouve aussi qu'il admettait les manœu-

Il est donc clair que Napoléon ne comptait pas sur la garde nationale livrée à elle-même pour faire une vigoureuse résistance; et lorsque le comité de défense disait qu'il fallait confier l'enceinte à la garde nationale, il entendait que l'extérieur en serait défendu aussi longtemps que possible par la troupe qui, si elle était repoussée, se joindrait à la garde nationale pour défendre l'enceinte.

Vauban, qui n'avait pas à garder la ligne de retranchemens de Saint-Denis à Nogent, et qui, par conséquent, n'avait pas le même besoin de troupes régulières, reconnaît cependant qu'il en faut pour que Paris soit convenablement défendu; il en suppose au minimum vingt-cinq à trente mille, auxquelles se joindraient dix à douze mille d'assez bonnes, *levées dans ses murailles; outre la garde des bourgeois qui irait toujours son train.*

Avec cela Vauban regarde Paris comme imprenable, mais ce n'est pas une défense passive qu'il veut, car après avoir signalé les difficultés de l'attaque, il dit:

A quoi il faut ajouter que *les fréquentes sorties, grandes et petites, qui se feraient à toute heure, par de si grandes troupes*, le grand feu qui sortirait des remparts et chemins couverts et la grande quantité de canons dont elles pourraient se servir, empêcheraient les travailleurs de faire chemin, et *réduiraient ce siége à une lenteur qui ayant*

vres de flanc; nous répondrons que quand Napoléon a écrit cette instruction en décembre 1813, il n'avait pas encore fait le mouvement d'Arcis-sur-Aube à Saint-Dizier qui, en découvrant la capitale, la livra à l'ennemi; c'est éclairé par l'expérience qu'il a écrit à Saint-Hélène que *le plus sûr est de couvrir directement le point qu'on veut défendre*; et qu'il ajoute que pour manœuvrer sans se laisser acculer à la capitale, il faut une *bonne armée*, de *bons généraux* et un *bon chef*, choses assez rares par le temps qui court.

bientôt épuisé leurs armées d'hommes et de munitions, les contraindrait à lever honteusement le siége.

Concluons donc qu'il y a une différence totale entre la manière dont Vauban veut que la défense soit conduite et celle proposée par le général Valazé : que celui-ci n'employant que la garde nationale a pris pour base la résistance passive, sans sorties à l'extérieur, tandis que c'est sur les sorties *multipliées, grandes et petites, faites à toute heure*, que Vauban compte principalement pour ralentir la marche de l'attaque, que c'est par ce moyen qu'il force l'ennemi à mettre trente mille hommes pour garder les tranchées, tandis que dans le système Valazé une simple division serait suffisante.

Ainsi : dans le but,

Dans la disposition des ouvrages,

Dans la conduite de la défense,

Il n'y a aucun rapport, il y a même opposition complète entre l'ouvrage de Vauban et celui de MM. Haxo et Valazé, qui, sous prétexte de l'imiter, l'ont dénaturé et gâté. (1)

(1) Nous devons à la vérité de dire que dans le pesant article de 32 pages, consacré par le général Haxo à la réfutation d'une mauvaise brochure *sur l'inutilité de la défense des capitales*, qui pouvait être réfutée en dix lignes, ce général n'a point mis en avant des idées aussi absurdes que celles du général Valazé ; il admet la défense de la frontière en profitant des obstacles naturels et artificiels ; il suppose aussi qu'il y aura des troupes réglées avec la garde nationale pour former la garnison de Paris, et que par conséquent on fera de fortes sorties ; mais là se bornent ses idées justes. En citant et approuvant l'opinion de M. de Ludre, il prouve qu'il veut mettre la capitale en état de tenir pendant peu de temps ; sa fortification et ses approvisionnemens sont faits en conséquence ; son but et ses moyens sont, comme nous l'avons démontré aux chapitres I et II, entièrement opposés à ceux de Vauban. Nous pourrions peut-être le considérer comme solidaire avec le général Valazé dont la brochure est postérieure ; mais nous n'avons pas de preuves suffisantes pour l'affubler de cette pauvre production

Complétons notre revue du mémoire Valazé, en examinant la valeur de ses assertions relatives aux surprises, attaques de vive force, bombardement et dépense.

CHAPITRE IV.

Surprise. — Attaque de vive force. — Bombardement. — Dépense.

Nous venons d'indiquer quelques-unes des conséquences de la mise en œuvre des combinaisons de fortification et de stratégie des généraux Haxo et Valazé. Nous avons fait voir que si l'on suivait la marche tracée par *ces deux capacités*, un mois de patience ferait raison à l'ennemi de la capitale de la France, déciderait du sort de trente millions d'habitans, et ferait règner à Paris le calme qui règne à Varsovie.

Un semblable résultat est par trop absurde pour que l'on pût s'en tenir long-temps à un projet de cette nature; si l'on avait fait la *sottise* de l'exécuter, les deux auteurs de ce projet ne tarderaient pas à s'apercevoir de son extrême faiblesse, et à demander de nouveaux fonds,

1° Pour couvrir les portes par des demi-lunes.

2° Pour faire des contrescarpes afin d'empêcher que ces demi-lunes ne soient tournées par la gorge.

3° Pour faire des chemins-couverts et protéger les sorties.

4° Pour mettre des demi-lunes ou autres ouvrages sur les fronts d'attaque.

5° Pour acquérir les terrains nécessaires à l'établissement de ces chemins-couverts, demi-lunes, etc., et démolir les nombreux bâtimens qui couvrent ces terrains.

6° Pour mettre l'enceinte formée par le mur d'octroi en bon état, afin de pouvoir soutenir les assauts à la deuxième enceinte, et défendre les faubourgs intermédiaires.

7° Pour construire des casernes mieux situées par rapport à l'enceinte à défendre, des magasins pour les approvisionnemens.

Ce ne serait donc point une dépense de quarante millions qu'il faudrait faire, mais une dépense de plus de cent millions (1).

(1) Il est facile de reconnaître que, *grâce à la renommée paternelle*, M. Valazé a franchi rapidement le grade *dans lequel on fait des états estimatifs*; car le sien présente des erreurs et des omissions qu'un capitaine n'eût certainement pas faites dans un travail de cette nature. Nous en donnerons un exemple remarquable :

Il fixe le prix de la maçonnerie de son enceinte à 12 fr. le mètre cube; or, d'après le bordereau des prix de la place de Paris :

Le mètre cube de maçonnerie de moëllons est de. . . . . 16 fr. 40 c.

Celui de la maçonnerie de meulière est de. 22 70

Pour la place de Vincennes les prix sont :

Pour la maçonnerie de moëllons. 18 10

Pour celle en meulière. 26 20

Le prix de 12 francs est donc insuffisant; car si les matériaux employés à l'extérieur sont exempts du droit d'octroi, l'immense quantité de maçonnerie à construire, amènera une augmentation considérable dans le prix de ces matériaux et particulièrement du moëllon; on peut donc regarder comme certain que le mètre cube coûterait au moins 16 francs; par conséquent la dépense de la maçonnerie devrait être augmentée d'un tiers environ, c'est-à-dire de plus de *sept millions de francs.*

D'un autre côté, il ne parle point de la pierre de taille pour soubassemens, tablettes, cordons, angles, etc.; cependant s'il eût jeté un coup-d'œil sur le tableau de la dépense du front moderne qui se trouve à la page 96 du Mémorial de Cormontaigne, il aurait

L'urgence de la plupart de ces travaux se ferait d'autant mieux sentir que le dispositif proposé ne peut rassurer complètement, ni contre les surprises, ni contre les attaques de vive force.

Les argumens employés par l'auteur du mémoire sont bien plus propres à faire naître des craintes à ce sujet, qu'à les faire disparaître.

Citons d'abord, nous discuterons ensuite.

EXTRAIT DU MÉMOIRE DU GÉNÉRAL VALAZÉ, PAGES 10 ET 11.

Surprise et attaque de vive force,

« Vauban a dit dans son projet d'enceinte autour de Paris. »

« *Je n'ai nul égard aux surprises ni aux intelligences, cette » ville étant trop peuplée pour que l'on puisse rien entreprendre » contre elle sans faire de gros mouvemens de troupes qui décou- » vriraient tout.* »

« D'accord avec Vauban, nous n'admettons par qu'il soit pos- » sible de surprendre une pareille enceinte. »

« Quant à une attaque de vive force, elle ne peut avoir lieu, » *qu'en escaladant les escarpes avec des échelles de quarante pieds* » (*treize mètres*) de longueur, ou *en forçant les portes*. Mais » comme on sera *sur ses gardes*, à cause du voisinage de l'en- » nemi, est-il possible, qu'en supposant même un commence- » ment de succès, il eût le temps matériel de faire entrer dans

vu que la pierre de taille augmente le prix de la maçonnerie d'environ un cinquième; ainsi, l'état estimatif devrait être augmenté :

1° A cause du prix du mètre cube qu'il convient de porter à 16 fr. au lieu de 12.	7,160,000
2° Pour la pierre de taille, environ.	5,000,000
Total.	12,160,000

La dépense pour la maçonnerie seule serait donc de plus de 33,000,000 au lieu des 21,480,000 fr. de l'état estimatif.

Si l'on portait la hauteur de l'escarpe à 36 ou 40 pieds au lieu de 30, ce qui serait à-peu-près indispensable avec une seule enceinte, la dépense augmenterait encore de près d'un quart, et passerait quarante millions.

Qu'on juge par ce seul aperçu du degré de confiance que mérite le travail du général Valazé.

» Paris assez de monde pour résister aux attaques qui seraient
» dirigées contre la tête des colonnes par les gardes des fronts
» voisins, et les réserves qui se réuniraient sur les points mena-
» cés? Que deviendraient ces colonnes qui, arrêtées de front,
» auraient en même temps leurs queues encore dans la campagne,
» ou dans les fossés, battus par les canons des fronts collatéraux?
» leur destruction serait inévitable.

» Crémone, de même surface que Metz, fut surprise en 1702,
» par trahison, et Berg-op-Zoom, de l'étendue de Besançon,
» fut attaquée de vive force en 1811, dans un moment où
» la garnison était trop faible, pour se bien garder. Mais ces
» deux places étant assez étendues, pour que l'ennemi ne pût
» pas envahir tous les points en un instant, et pour laisser le
» temps aux Français de se reconnaître, les Autrichiens com-
» mandés par le prince Eugène lui-même, furent chassés de
» Crémone, et les Anglais pris dans Berg-op-Zoom.

» Ces deux exemples suffisent pour montrer que toute at-
» taque dirigée contre l'enceinte de Paris avec des moyens de
» campagne seulement, aurait un résultat funeste pour l'en-
» nemi. »

Le général Valazé se garde bien de nous dire que Vauban, après avoir annoncé qu'il n'a nul égard aux surprises, ajoute :

« Joint que, ce que j'ai à proposer est directement opposé à tou-
» tes les mauvaises subtilités qu'on pourrait mettre en pratique à
» cet égard. »

Le projet de Vauban rend en effet toute surprise impossible; son chemin-couvert, sa contrescarpe revêtue, ses demi-lunes couvrant les portes, sa double enceinte dont l'escarpe est élevée de 36 à 40 pieds; les trente à quarante mille hommes de troupes réglées qu'il met dans la place, en outre de la garde des bourgeois, *qui va son train*, présentent des obstacles tels qu'il y aurait de la folie à vouloir les franchir, soit en trompant la surveillance, soit par une attaque de vive force; mais comme il n'y a rien de commun entre le projet de Vauban et celui du prétendu Vauban moderne, *l'imprenabilité* par surprise de la place du premier, ne prouve absolument rien en faveur de la place du second.

Laissant donc de côté cette citation tronquée, voyons la nature des obstacles qui s'opposeront à une surprise.

Nous trouvons d'abord quarante portes près desquelles on peut arriver sans difficulté, puisqu'il n'y a que des contrescarpes en terre, avec banquettes, pour rendre la descente du fossé plus commode.

Ces portes étant sous la surveillance de la garde nationale, il suffirait qu'il se trouvât à l'une d'elles, quelque chef vendu à l'ennemi pour l'introduire dans la place.

Qu'on se représente seulement quelques milliers d'hommes débouchant à droite et à gauche sur le rempart, se portant rapidement vers d'autres portes, les ouvrant à d'autres troupes, et que l'on dise ce que fera une garnison composée de garde nationale seule! Assurément, il y aura une grande confusion pendant la nuit; beaucoup d'individus se retireront promptement à leur domicile, et au jour on sera trop heureux d'éviter le pillage en traitant avec l'ennemi.

Dans le cas *d'une simple enceinte* sans contrescarpe revêtue, n'ayant que la garde nationale pour garnison, une surprise est donc non-seulement possible, mais facile; il suffit qu'il se rencontre dans la place un traître adroit, et l'on peut, sans crainte de se tromper, affirmer qu'il s'en trouvera toujours quelques-uns parmi un million d'individus.

Nous nous dispenserons d'indiquer d'autres moyens de surprise; passons à l'attaque de vive force.

Pour se convaincre de la possibilité d'une attaque de cette nature, il suffit de se rappeler que l'enceinte a au minimum 80 fronts; par conséquent 160 flancs et 35,800 mètres courans de développement (1); que pour mettre seulement deux pièces de canon par flanc, et un homme par mètre, il faudrait 320 pièces de canon et 35,800 hommes, que le service des 320 pièces des flancs exigerait à peu près 1,000 canonniers; qu'il en faudrait au moins autant pour le service des pièces des saillans et des faces des bastions; or, il n'y a point de garnison, quelque nombreuse qu'elle soit, qui puisse suffire long-temps à un service semblable; le rempart sera donc moins garni que nous ne le supposons; l'ennemi, en faisant un grand nombre d'attaques simulées, sur des fronts différens, donnera des craintes partout, fatiguera la garnison, la forcera à disséminer ses forces, en sorte qu'elle n'en aura point de suffisantes à opposer sur les points où se porteront les masses.

Maître d'une seule porte, *par le pétard*, ou par tout autre moyen, l'ennemi pourra faire entrer immédiate-

(1) Mémoire Valazé, pages 2 et 17.

ment assez de troupes pour s'emparer des deux bastions adjacens, s'y établir et s'y retrancher solidement, tourner l'artillerie contre la rue du rempart et celles qui sont enfilées par ces bastions; il jouira dès-lors de tous les avantages que donneraient des brèches; sous la protection de son canon, il pourra à volonté s'étendre le long du rempart, gagner d'autres portes, etc. Dans tous les cas, il aura soin d'établir une communication de l'extérieur avec le front dont il sera maître, afin que de nouvelles colonnes puissent arriver sans être battues par les feux des fronts collatéraux, etc. etc.

Le général Valazé reconnaît la possibilité de l'attaque de vive force, puisqu'il suppose un commencement d'exécution; il est réduit à dire que, *comme on sera sur ses gardes*, l'ennemi n'aura pas le temps de faire entrer assez de monde pour qu'on ne puisse pas le chasser ou le détruire (1); mais il ne s'aperçoit pas que son raisonnement, relativement à l'enceinte qu'il propose, s'applique également à un simple mur comme celui de l'octroi; que, si ce raisonnement avait quelque valeur, il faudrait en conclure que Paris serait suffisamment défendu par ce mur, puisque l'ennemi ne pourrait également *faire entrer que des têtes de colonnes, et que l'on serait sur ses gardes*. Alors, à quoi bon dépenser soixante millions !

Ne pouvant être bon raisonneur, le général Valazé veut au moins se montrer *érudit*; la tête farcie de dates et de faits mal digérés, il ne perd pas une occasion de

(1) Mémoire Valazé, page 40.

les semer dans ses tristes écrits; mais il n'est pas de la force de certain personnage de comédie qui savait au moins distinguer *une comparaison d'une similitude*. En invoquant les événemens de Crémone en 1702 et de Berg-op-Zoom en 1814, il n'a pas pris la peine de les discuter, il se borne à conclure à la manière d'une autre personnage! *Voilà ce qui fait, etc.*

A ce sujet nous lui dirons :

Que Crémone n'était point défendue par *la garde nationale*, mais par une excellente garnison composée de *huit mille hommes*, à laquelle le prince Eugène n'a pu en opposer que six mille, parce qu'il s'est privé des trois à quatre mille hommes du prince de Vaudemont, qui eussent pu entrer dans la ville avec la même facilité que le reste des troupes, par les deux portes dont le prince était maître.

Qu'ainsi, indépendamment du hasard, qui avait mis les troupes de la garnison sur pied plus matin qu'à l'ordinaire, et de quelques autres fautes qui ont été commises; c'était un combat à forces à peu près égales, qui avait lieu dans l'intérieur de la ville : qu'il n'en serait point ainsi d'une surprise de Paris, qui aurait autour de ses murs une armée de plus de *cent mille hommes*, pour l'attaquer, et la garde nationale seule pour la défendre.

Nous ajouterons qu'à Berg-op-Zoom on a fait la même faute qu'à Crémone; le général anglais n'a attaqué qu'avec quatre mille hommes une garnison de cinq mille bons soldats, s'il eût attaqué avec dix ou quinze mille hommes, il eût réussi.

Enfin nous dirons que si, choisissant mieux ses exemples, M. Valazé en eût cité qui eussent quelque analogie avec ce qui pourrait se passer à Paris; on lui répondrait que cela ne prouverait encore rien; car à des faits de cette espèce on peut répondre par des faits contraires.

A une attaque de vive force qui aurait échoué, on opposera celle d'Ulm en 1702 par les Bavarois, qui a réussi, malgré les efforts réunis de la garnison et de la garde des bourgeois, etc.

Avant de terminer ce chapitre, nous aurions desiré trouver quelque chose à louer dans le mémoire du général Valazé; nous ne pouvons avoir cette satisfaction. Quoique nous pensions aussi qu'un bombardement ne ferait point rendre Paris, qu'il causerait peu de dommages, que ce serait casser des vitres avec des *guinées;* nous sommes forcé de reconnaître qu'il présente cette question sous un point de vue tout-à-fait faux. Il a copié, à ce sujet, un passage du mémoire du général Haxo, en réponse à celui du comte de Durfort, sur l'inutilité de la défense des capitales. Son raisonnement est bâsé sur l'hypothèse que l'ennemi n'aura d'autres projectiles que les obus et les fusées à la congrève d'un parc de campagne. Cette supposition est ridicule; car *qui veut la fin, veut les moyens*; jusqu'à présent les moyens d'attaque contre la France ont eu une progression croissante; du moment que Paris sera susceptible de défense, l'ennemi emploiera le bombardement sur une grande échelle, s'il le juge utile à ses desseins. Pour attaquer la citadelle d'Anvers la France a réuni vingt-cinq à trente mille bombes; pour attaquer Paris les étrangers en emploieront cent mille et plus, s'il le faut.

Pour apprécier une disposition de fortification, on doit supposer que l'ennemi aura tout ce qui est nécessaire à l'attaque et partir toujours du maximum de moyens. On doit même prévoir les progrès que l'art de lancer les projectiles pourra faire; calculer sur des distances plus grandes que celles où on lance les bombes aujourd'hui, (1) compter sur des moyens plus prompts et plus faciles de transporter les parcs de siége par l'emploi des voitures à vapeur, etc. C'est ainsi qu'on arrive à des résultats utiles pour tous les temps, et qu'on n'est jamais au-dessous des circonstances qui peuvent se présenter.

(1) N'a-t-on pas déjà lancé des bombes sur Cadix à la distance de près de trois mille toises; qui oserait dire que l'art est arrivé à sa perfection ?

CONCLUSION DU PREMIER MÉMOIRE.

Si l'on ne considérait que la valeur intrinsèque du projet du général Haxo et du mémoire du général Valazé, on trouverait sans doute que nous nous sommes trop étendu sur leur examen et leur réfutation. Mais si l'on fait attention à l'importance de la question qui s'agite, si l'on pense qu'une bonne solution de cette question peut porter la gloire et la puissance de la France au plus haut degré, tandis qu'une solution incomplète ou mauvaise peut la livrer à l'ennemi, chargée de chaînes, qu'il lui sera impossible de briser; on reconnaîtra qu'il est temps d'examiner mûrement cette question sous tous les rapports, sans craindre quelques répétitions; sans se laisser influencer par la position des individus et par les réputations usurpées, *qui sont le fléau de l'époque actuelle, trop disposée à croire qu'il suffit d'avoir des étoiles sur les épaules pour y voir clair*; tandis que, trop souvent ces étoiles, produit de la faveur et de l'intrigue, ne servent qu'à éblouir ceux qui les portent.

Un homme véritablement digne de son immense réputation, VAUBAN, pénétrant les secrets de l'avenir, avait deviné que la puissance même de la France. liguerait contre elle tous les rois de l'Europe ; il voyait que Paris serait le but vers lequel se dirigeraient tous leurs efforts; il savait ce qu'il en coûte à une grande nation qui laisse occuper sa capitale par l'ennemi; et ses méditations patriotiques ont eu pour objet de prévenir un si grand malheur.

Un mémoire sur les moyens de fortifier Paris a été le résultat de ces méditations; et *ce petit mémoire, aussi admirable par sa simplicité que par la profondeur des vues*, suffirait seul pour placer son auteur au premier rang des ingénieurs et des hommes d'état.

VAUBAN a compris que ce n'est point avec des demi-mesures que l'on obtient de grands résultats; il a senti que le cœur de la France devrait être cuirassé de manière que le fer ennemi ne pût l'atteindre: *des fortifications imprenables, des approvisionnemens inépuisables,* pour le temps que l'ennemi pourra passer sous les murs de Paris; tels sont les moyens qu'il proposait alors, et qu'il faut réaliser aujourd'hui. Le temps, l'agrandissement successif de Paris, nécessitent sans doute des modifications dans la forme et la disposition des ouvrages; mais la fortification à faire, doit remplir le même objet, par rapport à l'état actuel des choses, que celle de Vauban par rapport au Paris de son temps.

Nous avons vu que le projet *Haxo-Valazé* ne satisfait point à cette condition; nous allons examiner dans un deuxième mémoire si le système des forts détachés adopté par le gouvernement, est propre à conduire au but.

NOTE A.

Complément du mémoire de VAUBAN.

Nous avons eu occasion de faire des citations assez étendues du mémoire de Vauban ; ce mémoire, trop peu connu, est si remarquable et si plein de vues utiles, que nous n'hésitons pas à le mettre au rang des meilleures productions de ce grand homme ; nous croyons en conséquence devoir compléter les extraits que nous en avons donnés.

Pour lire ce mémoire dans son entier, sans interruption, on commencera par le passage suivant:

De l'importance dont Paris est à la France, et du soin que l'on doit prendre de sa conservation.

Si le Prince est à l'état ce que la tête est au corps humain (1) (chose dont on ne peut pas douter), on peut dire que la ville capitale de cet état, lui est ce que le cœur est à ce même corps : or le cœur est considéré comme le premier vivant et le dernier mourant ; le principe de la vie, la source et le siége de la chaleur naturelle, qui de là se répand dans toutes les autres parties du corps qu'elle anime et soutient jusqu'à ce qu'il ait totalement cessé de vivre.

(1) Ce n'est point un paradoxe, mais un axiôme incontestable de dire que le prince est ou doit être à l'état ce que la tête est au corps humain. VAUBAN.

Il me semble que cette comparaison se peut très-bien appliquer au sujet dont nous voulons traiter, vu qu'il n'y a point de villes dans le monde avec qui elle ait plus de rapport qu'à Paris; capitale du royaume de France, la demeure ordinaire de nos rois, et de toute la maison royale, des princes du sang, des ministres, ducs, pairs, maréchaux de France, et autres grands officiers de la couronne; des ambassadeurs des rois et principales têtes couronnées de la chrétienté; c'est le siège d'un célèbre archevêché et d'un clergé très-considérable dans lequel sont comprises plusieurs grosses et riches abbayes, celui de la principale cour de parlement du royaume, et d'une trèsgrande quantité d'autres juridictions; le rendez-vous de toute la noblesse; des gens de guerre et de savoir de toutes espèces, même des étrangers qui se rendent en foule de toutes parts et de tous pays.

C'est le vrai cœur du royaume; la mère commune des Français et l'abrégé de la France par qui tous les peuples de ce grand état subsistent, et de qui le royaume ne saurait se passer sans décheoir considérablement de sa grandeur.

Elle est très bien située tant à l'égard de la santé, du commerce et des commodités de la vie, que des affairesgénérales et particulières; peuplée d'une très grosse bourgeoisie, et d'une infinité d'artisans de toutes espèces, parmi lesquels se trouvent les plus habiles ouvriers du monde en toutes sortes d'arts et de manufactures.

Elle est d'ailleurs très-marchande à raison du changement perpétuel des modes, des grandes consommations qui s'y font, et du nombre infini de gens de qualité qui la remplissent.

(1) Comme elle est fort riche, son peuple encore plus nombreux, naturellement bon et affectionné à ses rois, il est à présumer que tant qu'elle subsistera dans la splendeur où elle est, il n'arrivera rien de si fâcheux au royaume dont il ne se puisse relever par les puissans secours qu'elle peut lui donner. — Considération très juste, et qui fait que l'on ne peut trop avoir d'égards pour elle, ni trop prendre de précautions pour la conserver, d'autant plus que si l'ennemi avait forcé nos frontières, battu et dissipé nos armées et enfin pénétré le dedans du royaume, ce qui est

(1) Paris contient en soi seul plus de moitié des richesses du royaume. VAUBAN.

très difficile, je l'avoue, mais non pas impossible, il ne faut pas douter qu'il ne fît tous les efforts pour se rendre maître de cette capitale, ou du moins la ruiner de fond en comble; ce qui serait peut-être moins difficile présentement (que partie de sa clôture est rompue et ses fossés comblés) qu'il n'a jamais été joint; que, l'usage des bombes s'est rendu si familier et si terrible dans ces derniers temps, que l'on peut le considérer comme un moyen très sûr pour la réduire à tout ce que l'ennemi voudra, avec une armée assez médiocre, toutes les fois qu'il ne sera question que de se mettre à portée de la bombarder (1). Or il est très visible que ce malheur serait l'un des plus grands qui pût jamais arriver à ce royaume, et que quelque chose que l'on pût faire pour le rétablir, il ne s'en releverait de long temps, et peut-être jamais (2).

C'est pourquoi il serait à mon avis de la prudence du roi d'y pourvoir de bonne heure, et de prendre les précautions qui pourraient la mettre à couvert d'une si épouvantable chûte.

J'avoue que le zèle de la patrie, et la forte inclination que j'ai eue toute ma vie pour le service du roi et le bien de l'état, m'y a fait souvent songer, mais il ne m'a point paru de jour propre à faire de pareilles ouvertures par le grand nombre d'ouvrages plus pressés qui ont occupé le roi tant sur la frontière qui a toujours remué depuis vingt-deux ans en çà, que par les bâtimens royaux qu'il a fait faire, et par le peu de disposition où il m'a paru que l'esprit de son conseil était pour une entreprise de cette nature, qui, sans doute, aurait semblé à plusieurs contraire au repos de l'état, et à tous d'une très-longue et difficile exécution, quoique le roi ait entrepris et fait des choses qui la surpassent très considérablement; joint que la prospérité de la France depuis vingt-cinq à trente ans, avait si fort éloigné toutes les réflexions qui auraient pu donner des vues de ce côté-là, qu'il n'y avait nulle apparence de croire qu'une telle proposition dût être écoutée: cependant cette pensée qui dans le commencement ne m'a

(1) Il n'y a point de ville en Europe, ni peut-être dans le monde, où l'effet des bombes soit plus à craindre qu'à Paris, toutes les fois que l'ennemi se pourra mettre à portée d'y en jeter. VAUBAN.

(2) On n'a jamais guère vu la perte d'une ville capitale d'un état qu'elle n'ait été suivie de celle dudit état. Id.

passé que fort légèrement dans l'esprit, s'y est présentée si souvent, qu'à la fin elle y a fait impression, et m'a paru digne d'une très-sérieuse attention ; mais n'osant la proposer, à cause de sa nouveauté, j'ai cru du moins la devoir écrire, espérant qu'il se trouvera un jour quelque personne autorisée, qui lisant ce mémoire, y pourra faire réflexion ; et que, poussé par la tendresse naturelle, que tout homme de bien doit avoir pour sa patrie, il en parlera, et peut-être en proposera-t-il l'exécution, qui bien que difficile et de grande dépense, ne serait nullement impossible, étant bien conduite.

Ensuite on passera au chapitre II de notre mémoire depuis la page 22 jusqu'à la page 25.

Après quoi on lira ce qui suit :

Et parce qu'une ville de la grandeur de Paris, fortifiée de cette façon, pourrait devenir formidable, même à son maître s'il n'y était pourvu. Faire deux citadelles à cinq bastions chacune dans la deuxième enceinte : savoir l'une sur le bord de la Seine au-dessus de la ville, et l'autre au-dessous dans l'endroit le plus propre ; l'une tenant un bord de la rivière d'un côté, et l'autre de l'autre, toutes deux très-bien revêtues, et accompagnées de tous les dehors convenables, comme aussi de tous les magasins, arsenaux, souterrains et autres bâtimens nécessaires ; on pourrait même ajouter encore un réduit ou deux dans les endroits de la même enceinte les plus éloignés des citadelles, s'il en était besoin, ces places bâties à profit et splendidement sans rien épargner qui pût faire tort à leur solidité, par les suites bien garnies de canon, d'une douzaine ou deux de mortiers chacune, et de quatorze ou quinze mille bombes avec toutes les poudres et munitions nécessaires ; il ne faudrait pas craindre que Paris se portât jamais à rien qui pût blesser son devoir.

Ensuite on passera au chapitre premier de notre mémoire de la page 12 à la page 15.

Puis on lira ce qui suit, qui termine le mémoire :

Au reste, bien que le temps qu'il faudrait employer à toute cette fortification, et la dépense nécessaire à sa construction paraisse d'abord très considérable, cela n'irait pas si loin que l'on pourrait bien penser, et j'estime, qu'en se servant un peu du travail des troupes, on pourrait venir à bout de bâtir les deux enceintes avec les citadelles, et tous les bâtimens intérieurs et extérieurs qui leur pourraient convenir en douze années de temps bien employées; et que pour la dépense vingt-quatre millions pourraient suffire abondamment en bâtissant noblement et avec toute la solidité requise à de tels ouvrages. Or, je ne fais pas grand cas d'une telle dépense, parce que l'argent ne ferait que circuler et revenir toujours au même point d'où il serait parti, sans qu'il sortît une pistole du royaume, n'étant pas ici question d'aucun ouvrier ni de matériaux étrangers; bien au contraire, le moëlon, la pierre de taille, et de quoi faire la chaux, se trouvent presque partout avec toute l'aisance possible.

En voilà assez pour faire concevoir l'idée qu'on doit avoir de la grandeur et conséquence de Paris par rapport à la guerre. C'est à ceux qui aimeront véritablement le roi et l'état, et qui se trouveront en situation convenable pour le pouvoir proposer, d'examiner à fond cette proposition, et si après l'avoir bien examinée, on la trouve digne d'une sérieuse attention, de lui donner toute l'étendue qu'elle mérite; après quoi si la résolution suit, il sera facile d'en faire le projet, et ce sera pour lors qu'il en faudra régler tous les dessins généraux et particuliers avec toutes les instructions nécessaires à leur exécution, auxquelles il faudra ajouter l'examen des propriétés de cette ville; le dénombrement de son peuple effectif; celui à peu près dont il pourrait augmenter en cas de siège, afin de diriger sur telles vues les bâtimens, les magasins et arsenaux qu'il y faudra faire. Ce dessein ne se pourra exécuter que dans une paix profonde, et après avoir réglé et affecté les fonds que le roi voudra annuellement y dépenser, desquels il ne faudra souffrir aucune distraction pour quelque raison que ce puisse être. Je suis persuadé qu'il y faudra bien employer dix ou douze années de temps pour la pouvoir totalement finir.

Au surplus, je répète encore que la dépense de ces ouvrages

n'est pas ce qui en doit rebuter le roi, puisqu'il n'en sortira pas une pistole du royaume, ce sera un argent remué aux environs de Paris, qui donnera à vivre à quantité de pauvres gens, et fera que les autres en paieront mieux la taille, parce qu'il s'y fera plus de consommation. Et pour conclusion, cet argent faisant sa circulation un peu plus vite que l'ordinaire, reviendra toujours à son centre beaucoup mieux que de toute autre façon.

Je joins ici deux systèmes de fortification les plus convenables à sa grande enceinte, et le profil commun de son revêtement.

FIN DU MÉMOIRE DE VAUBAN.

NOTE B.

Relative à la Planche première.

Pour compléter notre premier mémoire, et mettre le lecteur parfaitement en état d'apprécier la valeur relative des projets de Vauban et des généraux Haxo et Valazé, nous donnons une planche qui comprend trois fronts à l'échelle d'un millimètre pour deux mètres, et deux profils sur une échelle quadruple.

Ces plans et profils sont rapportés à un plan général de comparaison qui passe à 20 mètres au-dessus du terrain naturel, supposé horizontal, dans l'étendue de ces fronts, tous les points principaux sont cotés de manière à bien indiquer le relief de la fortification, même sans le secours des profils.

Le front du centre présente une disposition, à tours bastionnées, telle qu'elle résulterait de la description faite dans le corps du mémoire de VAUBAN, pour les parties de l'enceinte où il y aurait des portes, ou pour les points d'attaque.

Le front de droite indique une disposition également à tours bastionnées pour les parties de l'enceinte, qui n'ont point de portes, ou qui ne sont point exposées aux attaques régulières.

Le front de gauche indique la disposition uniforme proposée par le général Valazé, pour toutes les parties de l'enceinte, telle qu'on la déduirait de la description du mémoire et du profil de ce général. L'inspection de ce front suffit pour faire connaître sa faiblesse, même contre les attaques de vive force; les portes surtout ne sont point couvertes; si on laisse le seuil au niveau du terrain naturel, elles pourront être enfoncées par le canon de petit calibre tirant de loin, si au contraire on fait le passage en rampe pour arriver au fond du fossé, ces portes pourront être enfoncées par la hache, ou par le pétard.

Dans le troisième mémoire nous indiquerons comment le tracé à tours bastionnées doit être modifié pour devenir le meilleur et le plus économique de tous les systèmes présentés jusqu'à ce jour.

TABLE ANALYTIQUE DES MATIÈRES

DU

PREMIER MÉMOIRE.

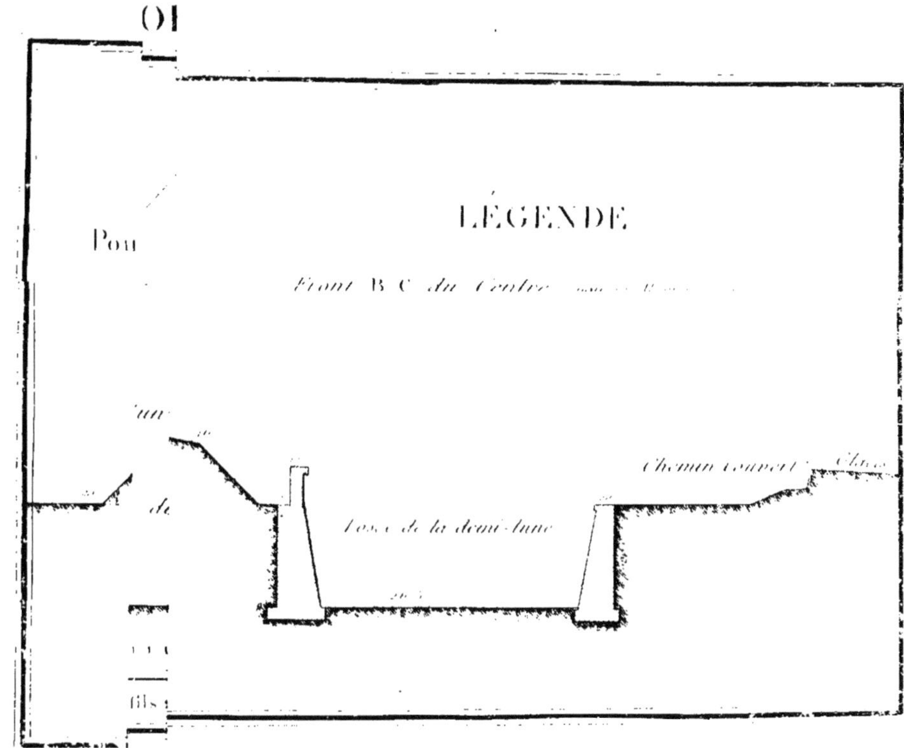
LÉGENDE
Front B C du Centre
Chemin couvert
Fosse de la demi-lune

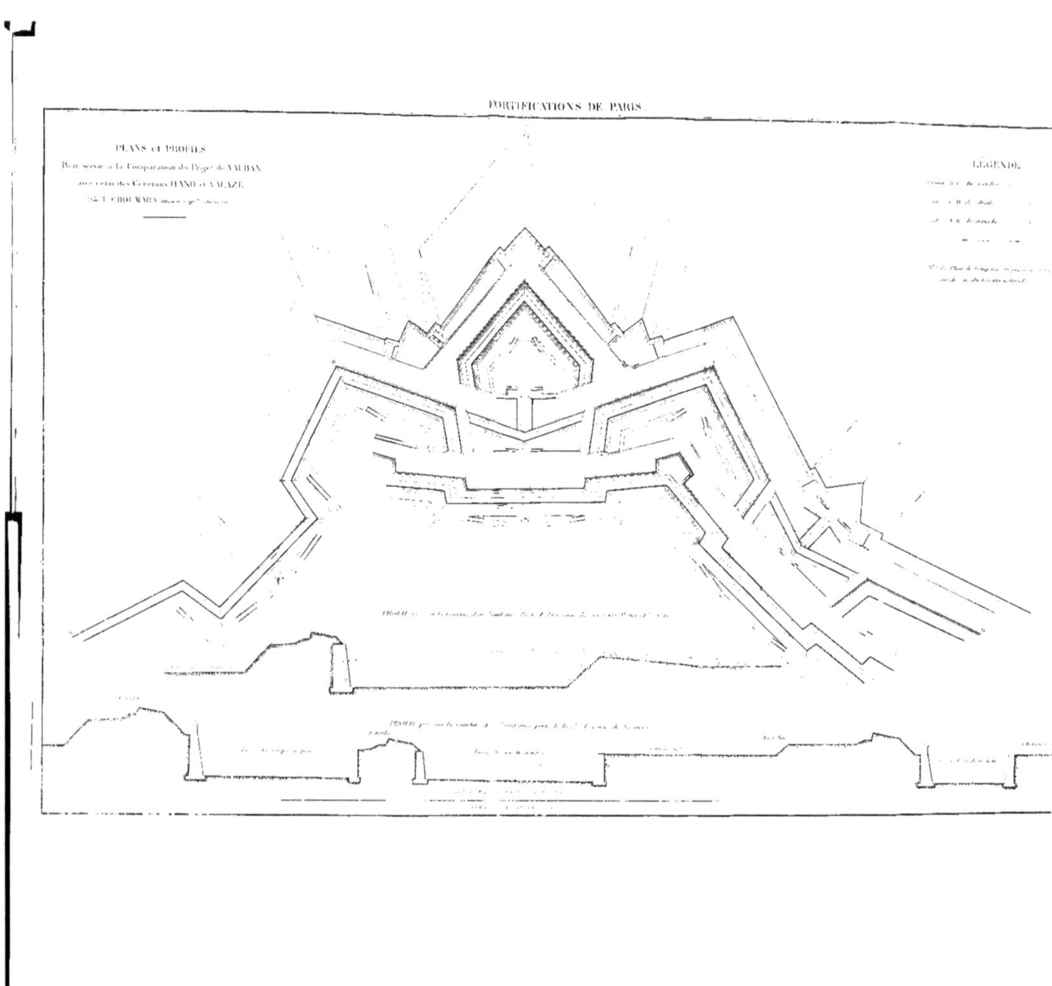
FORTIFICATIONS DE PARIS.
PLANS et PROFILS
Pour servir à la Comparaison du Projet de VAUBAN
avec celui des Généraux HAXO et VALAZE
LÉGENDE

www.ingramcontent.com/pod-product-compliance
Ingram Content Group UK Ltd.
Pitfield, Milton Keynes, MK11 3LW, UK
UKHW021649260726
13994UKWH00003B/1368

9 782329 444123